JN438375

나팔꽃 그림자

나팔꽃 그림자

이상훈 시집

詩와에세이
2013

차례__

제1부

제2부

제3부

제1부

우산재

은자골을 가려면 넘어야 하는 고개
매일을 올라도 또 오를 게 있는 우산재는
참 마딘 길이다
이 골을 보듬어 수천 년을 살아온 내력이
굽이마다 굵은 마디로 남아있다
은자골을 항아리처럼 안아
가을엔 알밤 풍성하고
보랏빛으로 익은 포도가
아이들의 참한 눈망울을 닮았다
그래도 다시는 안 올 길처럼
쉽게 고개를 넘는 아이들은
굽이굽이 살아온 우산재의 마음을 알지 못해
오늘도 우산재는
아이들을 기다려 목을 빼고
그래서
더욱더 넘을 게 있는 우산재는
참으로 마딘 길이다

강

강물이 흐른다
학교 앞으로 강물이 흐른다
가슴이 넓은 강은
때론 가슴이 허전하여 아이들을 부르는데
아이들은 언제나
방정식을 풀고
부정사를 배우고
방정식으로 바쁘고
부정사로 바쁘다
못난 녀석들은
닫힌 가슴을 더욱 여미고
거기에 빗장을 건다
굳게 닫힌 대문은
단절의 늪이 되어
그렇게 외롭던 날
비가 내려
큰물을 핑계 삼아
순애도 안고, 순화도 앗아간

강의 애증(愛憎)

이제 가을을 흐르는 강은
낙엽처럼 기운을 잃어
차라리 눕자, 멀어지는 강

* 1987년 여름, 순애와 순화가 강에서 텐트를 치고 야영을 하다가 물에 휩쓸려간 일이 있었다.

학교

사태 난 산처럼
골골이 황폐한 세상

거기에 뿌리 앙크랗게
살아남은 질긴 개살구나무

사이사이로 흘러내리는 황톳물은
오히려 목이 말라

차마 눈을 떠 볼 수 없는 풍경은
이미 풍경이 아니다

만나도 만날 수 없는 아이들은
이미 아이들이 아니다

손을 내밀어
꿈속처럼 허공을 휘젓다 보면
문득 어릴 적 따먹던

올망졸망 눈부시게 때깔 곱던 개살구

빛깔이 곱다
다만 이가 시리다

시골 운동장

아이들과 움직임이 살던 마당엔 이제
고요한 정적만이 동그마니 앉아있다
아이들도 사라지고
아이들의 움직임도 사라지고
추억처럼 흑백사진으로 기다랗게 누워있는
시골 운동장
어제인 듯
말타기, 자치기, 비석치기
시장바닥처럼 시끌벅적
고함소리 어지럽고
공기놀이, 땅따먹기, 고무줄놀이
바쁘게 떨어지던 알밤처럼
탱글탱글 흩어져 빛나던 언어들의 속살거림
머슴애들은 머슴애들대로
계집애들은 계집애들대로
그들의 참한 세상이 빛나던 꿈동산
어느 날 이유도 없이
가출한 아이처럼

흔적 묘연하고
그 뜨겁던 소리 또한 어디론가 숨어버린 듯
너무 긴 적막이 무섭다
자주 외롭다
사람이 살아야 할 곳엔 어떻게든 사람이 살아야 한다

만남

우리반 아이들을 만날 때는
냄새로 만난다
가을 들판
땀 냄새 그득한
아버지로 만나고
때로는 텃밭에서
깨를 터는 엄마로 만나
무더기로 핀
쑥부쟁이 둔덕에 앉으면
꿈처럼 일어서는 저녁노을
마을이 있고
마을 앞 공터에
아이들 고함소리 힘차다
거꾸로 흐르는
사색의 조각을 따라
그때 그 나이에 걷던 논둑길 함께 걸으며
나는 옛날이야기를 하고
아이가 활짝 웃으면

수십 년 떨어졌던 세월이 그렇게 만난다

그제서야 우리는
어깨동무를 한다

나팔꽃 그림자

때늦게 싹을 틔운 나팔꽃씨가
잡초인 듯 이리저리
천대를 받으며
척박한 땅
서럽게 기고 있을 때
아직까지도 어린 너희에게처럼
지줏대를 세우고
물을 주었지

서러울수록 짙은 빛깔로
감옥 같다던 너희들의 그 교실 창살마다에서
그렇게도 예쁘던 나팔꽃송이들은
어쩌면 너희들의
애절한 외침들이었지

행복은 성적순이다!
아이 미치겠어
착하고 공부 잘하는 아이들이 최고인 세상에서

군대식 질서를 배우고
교복으로 고삐를 매어
공부 못하는 너희들은
제발 사고나 치지 마라, 워워
순한 양떼처럼 공부 공부를 씹으며
너는 너, 나는 나
그렇게 외로운 땅에
나팔꽃 덩굴처럼
서럽게 서럽게 얼마를 더 기어야
꽃을 피울까?

뜨거운 햇볕 때문에
말문을 닫은 꽃들은
시원한 교실에서조차
말문을 닫고 사는 너희들을
이해하지 못한다
쬐끄만 것들이 말이 많아
잔소리 말고 시키는 대로만 해

아무리 떠들어도
영글지 못하는 너희들의 언어인데
막상 들어야 할 사람들 앞에서는 떠들지도 못하는 너희들이
신나는 땅에서
신나는 나팔소리
언제나 울리게 될까?

나팔꽃 그림자 진
서러운 교실이여

소풍 가는 버스 안에서

나는 아이들의 노래를 들으며
딴 세대를 만난다
낯선 곡조와
소란스럽게 굴러가는 가사를 들으며
흥겨워 온몸으로 웃는 아이들 앞에서
나의 끈기는
진땀을 흘린다
흥이 고조되면 아이들은
박수를 치면서 노래를 부른다
그 노래 속에는
꽤나 낯익은 곡들이 섞여있고
박수소리도 그리 바뀌지 않았다
70년대를 부르고, 80년대를 부르고
심지어는 4, 50년대 박수에도 거침이 없다
내가 아는 노래를 아이들은 부르는데
아이들이 부르는 노래를 따라 부르지 못하는
그만큼의 세대차 앞에서
그만 나는 내 나이가 부끄럽다

참교육 장터

해직된 학교 앞에서
참교육 장터를 열고
어제 지식을 팔던 그 교실, 그 교문 앞에서
오늘은 참교육 물품을 판다

만날 때마다
"선생님, 언제 돌아오세요, 언제 돌아오세요?"
매달리던 아이들이
가난한 노점상이 되어 돌아온 나를 보고는
인사도 하지 않고
죄인인 양 너희들은
멀찍이서 고개를 숙인 채 훔쳐만 보고 서 있다

아저씨, 저건 얼마예요?
나를 모르는 1학년 녀석들은
너무 비싸다고 아우성들인데
그나마 인사를 하는 녀석들은
계획에도 없던 물품을 사고는

많이 파세요
줄행랑을 친다

그래
너희들 손에는 참교육 연필
너희들 머리에는 참교육 모자
참교육 티셔츠, 참교육 양말, 참교육 참교육 참교육
……
온통 너희들 몸이 참교육으로 둘러싸여
마음조차
참교육으로 익어갈 때까지

참교육 물품 왔어요
참교육 물품 왔어요
학교 앞 길가에서 물품을 팔까
충실한 참교육 노점상으로

* 1990년 어느 따뜻한 봄날 내가 근무하던 학교 앞으로 참교육 마크가 붙은 물품을 팔러 갔었다.

아름다운 동행

중학교 1학년 그
철없이
꿈 많은 시절에도
운동장 구석구석에 심고 다니던
이름이 희정이었구나
나무마다
새기며 다니던
이름이 희정이었구나
풀이라도 좋아
나무라도 좋아
기약 없이 꿈일 것만 같던 씨알이
이렇게 환한 꽃봉오리로 벌어
고운 사랑으로 네 옆에 서서
함께 가겠다고
내민 손이 참 예쁘구나
다시
그만큼의 세월이 흐른 어느 날
다시 찾은 중학교 1학년

그 운동장엔
미소 가득 머무는,
행복 가득 풍요로운
꿈의 동산이었으면 좋겠구나
그렇겠구나

* 중학교 1학년 때 담임을 했던 상부가 장가를 간다고 했다. 홀어머니와 함께 여리디여린 몸으로 들꽃처럼 살아온 그 녀석이 참 보고 싶었는데 그렇게 결혼식장에서 만났다.

홍시 하나

덩그러니
감나무 꼭대기에 매달린 홍시 하나
차가운 겨울을 한가득 담고
오들오들 떨고 서 있다
바알간 색깔도 추울 때가 있다는 것이
참 생소하다
꿈결 같은 단맛까지 앗아간 자리를
스산한 바람이 채워
뼛속까지 가득 시리다
다 떠나버린 자리에서
빈 자루처럼 오골쪼골
혼자라서
더 춥다
다만
바람 들지 않은 씨방을 가슴에 안고
오들오들 행복하게 매달린 네 마음 뜨락엔
늘 살풋한 봄 내음이 따뜻하다

* 애진이의 바알간 얼굴은 홍시처럼 고왔다. 무슨 일이든 기꺼이 다가가는 애진이의 마음은 봄 내음을 훨씬 더 강하게 품고 있었다.

찔레꽃 하나

백설공주나
팥쥐,
손으로 모를 심던 시절
못밥을 이고 가던 아낙네,
할머니가 돌아가시던 날
손주며느리 허리춤에서,
자주
시위대 깃발로도
향기롭게 펄럭이던
하얀 치마

* 순수하던 정은이를 생각하면 어떤 자리에서도 굳건하게 서 있을 것처럼 건강해 보였다.

산다는 것

네가 스스로 서는 나이가 될 때쯤엔
나는 아마
더 많이 잊어버리고
더 많이 비어버린 가슴으로
안개 같은 추억 속을 더듬을까?
밑도 끝도 없는 심상에
나를 맡기고
그게 행복인양
조용히 잠들고 있을까?
그래도 가끔
실낱같이 묻어오는 행복 있어
네 맑은 미소 하나 만났으면 좋겠다
네 모습 기억하는
향기 한 줌 주웠으면 좋겠다
너와 나
나와 너 이어주는 연줄에
기름도 먹였으면 좋겠다

* 태권도를 하면서 씩씩하던 채민이의 보조개에는 늘 미소가 가득 담겨 있었다.

연필

진아
연필을 깎아본 적이 있니
깎을 때마다
보오얀 세상
가슴 설레는 만남
그 중심에 숨어있던 사상이
때론 실없이 부러져 아파도
기꺼이 가슴 내미는 연한 심성으로
외려 아픈 만큼 듬직하게
새살로 돋아나는
아, 부드러워
아름다운
세상

* 현진이는 너무 자기 안에만 앉아있어서 아름다운 세상을 보여주고 싶었다. 자기 속내를 조금이라도 내보여야 하는 날이면 더욱 몸을 웅크리곤 하던 진이가 훌훌 세상 밖으로 떨쳐나가는 모습을 보고 싶었다.

나뭇가지

붙어있을 만한 곳이
어디일까?
붙어있을 만한 자리가 어디일까?
넓어서
끝이 보이지 않던 세상이
가끔은 내 작은 몸뚱이 하나 붙이기에도
비좁을 때가 있다
오그라진 마음으로 바라보면
볼품없이 줄어들던 세상도
하하 웃으면서 바람을 넣으면
놀랍게 부풀어 살아나는
풍선처럼 늘
신비한 기적은
내 안에 있다
결국 내가 붙을 곳은
내 안
어딘가에 있다

* 은정이가 사는 세상은 늘 환하다. 그렇게 전등처럼 세상을 밝히는 특별한 힘을 가진 아이다.

복숭아 빛깔

형수님이
열아홉 맛깔스러운 나이에
족두리를 쓰고 시집오던 날
나는 복숭아가 먹고 싶었다
내 첫아이가 백날이 되던 날
방긋이 웃는 얼굴을 보면서
나는 복숭아가 그렇게 먹고 싶었다
복숭아 빛깔이 짙어갈 무렵이면
나는 누구든 보고 싶다
다투어 줄을 서는 그리움이
복숭아 빛깔보다 짙어지면
말없이
부칠 데 없는 편지라도 쓰고 싶다

* 바알갛게 익은 복숭아 빛깔의 화랑이는 그냥 그대로 마음도 복숭아였다.

단풍 하나

계절을 넘어 무심코 걸어온 세월
그 안에 문득
흔적 없이 네가 있었어
노을빛 붉은 마음
찬란한 세상
그 안에 문득
살며시 네가 있었어
물 따라
바람 따라
혹은 세월 따라
공기처럼 스며든 표정
그 안에 포근히 네가 있었어
어쩜
어쩌면
봄부터 파랗게 걸어온 길
그 안에 없는 듯 네가 있었어

* 전학을 왔던 현경이지만 늘 함께했던 것처럼 아주 가까이에서 포근했던 손의 체온이 지금도 파랗게 남아있다.

나무

몰랐습니다
앙상하게 견딘
메마른 겨울 위에
밤톨 같은 푸른 기운 하나 그렇게 일어설 줄을

몰랐습니다
처진 가지마다
돋아나는 은총이
그다지 감미로운 줄을

이불 같은 녹색 그늘 아래
피곤한 영혼을 뉘고
살포시 눈을 감으면
나눌 게 없을 만큼
가난한 사람은 없어

다만
겨울 감기로 여름까지 콜록이는 어깨가 몇몇

가난한 어깨를 들썩거릴 뿐

* 엄마 없이도 잘도 웃던 소영이가 너무 밝아서 더 외로워 보일 때가 종종 있었다.

감꽃

다소곳이 숙인 이마에
여린 햇살 한 자락 부끄럽게 묻어있다
연지곤지로 밝힌 마음
화롯불로 달아올라도
낯선 손들이 누르는 어깨가
가볍지 않아
왁자지껄 뙤약볕같이
따가운 관심에도
외로움이 물감처럼 번진다
아, 외로움보다 무거운
그리움 따라
사뿐히 눈처럼 내리면
외려 마음이 편해지고
알맞게 오므린 얼굴에선
발그레 향기 그윽하다

* 영현이는 영혼이 자유로운 특별한 아이였다. 집도 학교도 비좁아서 늘 탁 트인 세상을 찾아 떠나는 꿈을 꾸곤 했다.

얼굴

결 고운 삶은
얼굴에 산다
복숭아 엷은 빛깔로 흘러온 세월이
때론 수줍음으로
때론 미소로 풍선처럼
발그레 공중을 돌다가
가끔
아픈 다리를 내려놓고
먼 산을 볼 때면 그제서야
여유로운 꿈이 활짝
기지개를 켠다
민희의 얼굴

* 민희 얼굴은 늘 복숭아처럼 바알갛게 결 고운 빛깔로 미소를 머금고 있었다.

옹달샘

옹달샘 하나
계절 앞에 앉아있다
눈망울 초롱초롱
은하수 세상 그리듯
늘 그 안엔
별빛 가득하다

어느 계절인들
외로우랴?
계절이 샘을 안고,
샘이 계절로 흘러드는 한
가난한 세상도
자주 꿈을 꾼다

가끔
새 한 마리 날아와
입술을 내미는 날이면
가볍지 않은 행복이

다시 별빛으로 가득해지는
착한 옹달샘

* 옹달샘, 그 맑고 깨끗한 물처럼 해맑고 착했던 지영이는 참 아름다운 아이였다.

수선화처럼

몇 뼘 땅속에서도
울지 않고 살았어요
봄을 기다렸어요
늘 살며시
몰래 왔다가는 것 같아도
애써 참아낸 고통이 때론 땅속보다 깊었어요
노란 순정으로 설레던 새벽
핏빛 진달래를 안고
두려웠던 가슴
낙뢰처럼 갈라져
아, 땅속보다 깊은 고뇌가 되려
제 키를 키운다는 사실은
참 아름다운 충격이었어요
노란 수선화 한 송이

* 미경이는 수선화처럼 늘 땅속 깊은 곳에 힘차게 뿌리를 내리고 꽃을 피울 준비를 하고 있었다.

해바라기

눈 하나만으로도
말할 수 있다
노래할 수 있다
적어도 웃는다는 것이
아름다운 세상에선
누군가 그리워
고개 돌려 따라가며 손짓하는
애절함이
시리도록 아파
되레 아름다운 미소로
미소로
자라는 노란 눈빛 하나

* 찬미의 눈빛에는 늘 예쁜 미소가 가득 살고 있었다. 그 애의 눈만 봐도 마음이 행복으로 촉촉해지곤 했다.

반지

10년도 훨씬 전
촌학교에 있을 때
아이가 주워주던 반지 하나를
나는 아직도 손에서 빼지 못하고 있다
둥근 모양이 무너지고,
긁힌 자국이 낭자하고,
색깔이 바래어 할매 손톱처럼 누래도
쉽게 버릴 수 없는 것은
그 안에 그 아이 얼굴이 살갑게 녹아있기 때문이다
아빠 없이도 늘 당당하던 아이는
동생이 집을 나갔을 때도
모란 꽃잎처럼 껌벅껌벅 동구 밖을 지켰다
마치 세상이 둥글고
그 안에 사는 모든 것들이 둥글다는 것을
이미 다 알고 있었다는 듯이
반지처럼 방그레
둥근 웃음으로 환하던 그 아이가
순간 반지가 되기도 했다

순간 다시 웃다가
다시 반지가 되었다가
다시 웃다가
반지가 되었다가
웃다가

* 아빠 없이도 씩씩하게 자라던 선영이가 어떤 때는 나보다 훨씬 자유스러워 부럽기도 했다.

엄마

엄마 하나
나 하나
엄마 둘
나 둘
물 한 모금 먹고 하늘 한번 쳐다보고
물 한 모금 먹고 별 하나 세고
어미 품을 떠난 병아리처럼 삐약삐약
엄마가 보고 싶었어요
뒤뚱뒤뚱 세상을 떠돌아
어딘가 있을 듯한
엄마를 찾는 마음
풍선처럼 부풀어
때로는 어딘 듯 앉았다가
작은 바람에도 가만히 있지 못하는
조바심이 버릇처럼 되어 버렸어요
오늘도 마음이 앞서가는 길을 따라
휘청거리며
엄마, 엄마를 불러보지만

이 세상 어디에나 있는 듯하다가도
아무 데도 없어 늘 빈 가슴
엄마, 엄마

* 1997년, 다시 공부를 해보겠다고 복학했던 광희가 다시 가출한 다음 아직까지 돌아오지 않고 있다. 글을 잘 썼던 광희는 그래도 어디선가 아주 잘살고 있을 것 같다. 틀림없이 그럴 것 같다.

소망 하나에 엄마를 담아

아빠 하나
나 하나
토방에 산다
대문도 없이
낮은 돌담 열어두고
때때로 들려오는 작은 기척소리에도
벌떡 문을 연다
행여나
비단 구두 사가지고 오셨는가, 엄마

엄마가 쓰던 솥에
엄마가 씻듯 씻어 넣은 쌀, 그 밥 냄새도
변한 게 없고
그 골목
그 돌담
그 풀꽃 하나 다치지 않아
더듬어 더듬어
언제라도 오실란가, 엄마

보고 싶을수록
골목길은 더욱더 좁아 보이고
없던 돌부리 크게 보여
몽당비를 든다
오늘도 길을 쓴다
재분이

* 엄마 노릇까지 하며 재분이가 살던 그 허술하던 집이 아직도 눈에 선하다.

조약돌

냇가 갈 때마다
조약돌 하나씩 줍는다
할매 해묵은 손으로 빚은
송편 모양의 조약돌에서는
전기 같은 게 찌릿
가슴을 훑거나
이리저리 채이다
아직도 날카로운 심성 하나 고이 안은
돌에서는 비릿한 생선 내음이 나기도 한다
가끔은
암탉의 뱃속에서 갓 나온
닭 알처럼 따뜻한 껍질
그 속에서
노란 보조개 하나 또렷이 보일 때가 있다

* 동글동글한 소은이가 어쩌면 마음까지 그렇게 동글동글한지 지금 생각해도 참 신기하다.

제2부

제비꽃 하나

들길을 가다
살며시 발목을 잡는
수줍은 향기 하나 주워
손 위에 놓으면
자주 별이 되곤 한다
꿈이 되곤 한다

꽃

꽃은
비가 와도 우산을 쓰지 않는다
천둥이 울어도 귀를 막지 않는다
햇빛이 따가울 때
잠시 문을 닫는 일이 있어도
빗장을 걸지는 않는다
세상은 언제나
피를 먹고 자라는 나무
상처가 큰 세상
그 하늘의 별이 더욱 빛나고
나비의 춤이 아름다워
그래 차라리 내가 상처가 되자
벗어나고 싶을수록
옥죄어오는 거미줄 같은 세상
고통마저 고마운 내 것이 될 때까지
가다 보면 가다 보면
외려 붉어지는 꽃잎
그 위에 천둥빛 별들의 노래

나비들의 춤이 어우러져
비로소 세상의
작은 향기 하나 된다는 것을 안다

수선화

까마득한 깊이에서
가냘픈 고독으로 피어난
한 떨기 사랑

나의 꽃술을 포근히 안은
그대는 꽃잎
서로에게 몰두할수록
노란 웃음으로 널러지는 하늘

그 너른 세상
가난한 귀퉁이마다
어김없이 촉촉이 지켜 선
한결같은 미소
행여 외로우랴
살며시 보듬어 안은 너의 손길은
나를 살아있게 하는 힘
나를 살게 하는 힘

주저 없이
그대 품에 안긴
아, 향기로운 선택

꽃마리

자그마한 연모의 눈빛 하나로도 기꺼이 꽃으로 벙그는 너희들의 왕성한 열정이 그저 고마워 몸이야 그렇다 하나 때론 마음마저 말아서 눈치를 보는 아이들처럼 웅크리고 있는 너희들이 무슨 잘못이랴 추운가 아니 추워 때문은 아니야 두려운가 두려움 때문만도 아니야 다만 뛰어놀 하늘 한 뼘 가지지 못하고 늘 서러운 다툼 속에 새우처럼 구부리고 구부리다 보면 몸이 말려들어가고 마음이 말려들어가고 때로는 세상마저 말려들어가 담북장처럼 곰삭은 자리 거기에 피어난 좁쌀 같은 꿈 한 자락 방그레 봄을 밝히고 서 있다

민들레

아홉이나 낳아 훨훨 날려 보낸 자식들
어디 아픈 데는 없는지
밥은 먹고 사는지
입을 건 있는지
이슬 피할 집 한 칸은 장만했는지
밤낮 걱정으로 살다가
저 세상에 가서도 눈을 감지 못하시는
우리 엄마

산수유

한 줌 노란 향기를 위해
긴 겨울을 내내 걸었습니다

얼음장 밑으로 낮게 흐르는
물 한 방울에 목을 적시고
깜깜한 밤을 건너
바삭바삭 가랑잎 구르는 비탈길
사춘기처럼 뜨거운 냉가슴
보듬어 안으며
어쨌든 가야 한다고
가야 한다고
숨찬 언덕배기
터벅터벅 긴 여정을 걸어
희미하게 들리는 소쩍새소리 끝에서 만난
봄,
그 머리말에서

티밥 같은 노란 향기 하나 터뜨리려고

긴 겨울을 꼬박 새웠습니다

진달래

오랫동안
폐병을 앓다 죽은
바알갛게 얼굴빛 곱던 누님
화전을 부치다
콜록콜록
병균보다 드세다는
세상인심 먼저
탁 타악탁
뱉어버리고
미처 삼키지 못한 부끄러움
살그머니 데려나와
봄바람 한번 쐬고 싶다더니
싶다더니

개나리

찬란한 민족
터널 같은 계절을 열어
눈부실 만큼
샛노란 빛으로 다가서는
또 다른 역사(歷史)
노랗다 했는데 벌써
연둣빛으로
진녹색으로
감당하기 어려울 만큼
순식간에 변해가는 세월
갈등도 없이
갈등할 사이도 없이
얼떨결에 물든 빛깔

거기
봄이 있었다

난

햇빛 좋은 곳에 살짝
뿌리 내려 살다가
계절이 바뀌어
천둥이 무섭던 날
다 버리고
다 버리고
맨발로 내려와
분(盆) 같은 세상
바위 같은 품에 안겨
온통 향기가 되어버린 너

개망초

길섶
가난한 잡초들 속에
개 같은 인생으로 서서
찬이슬, 강아지 똥에도
행복한 목숨
낫이 날카로울수록 더욱더
가지가 벌고
뽑힐수록 뿌리를 뻗어
악문 입술 사이로
겨우
밥풀 같은 꽃을 피우면
또 하나
허기진 낫이 달려와
허리를 꺾어
척박한 땅에
다시 가난으로 남는 목숨
개망초

봄날 새벽

봄비 따사롭게 내린다
굳었던 흙덩이 틈을 비집고 들어서는
해맑은 얼굴들
반가워서 어쩔 줄 모르고 내미는
왁자지껄 따사로운 손
무슨 일인가
새싹들 서둘러 갸웃 고개를 내밀고
연분홍 철쭉도 이른 눈을 뜬다
파란 등을 보이며 바쁘게 가던 개나리도
잠시 걸음을 멈추고
벚꽃 사뿐사뿐 땅으로 내린다
멀리 산안개도 성큼성큼 산을 내려온다

새벽을 열면

창문을 통해
쏴 쏟아져 들어오는 눈부신
아침 햇살 한 아름
터질 듯 밀고 들어와 어디든 편한 모습으로
환하게 앉아 껄껄껄
아침 인사를 나누는 새벽
반갑지 않은 것이 없고
하지 못할 것이 없던
아, 그 푸르던 나의 시절로 새롭게 일어서는 시간
햇살 가운데 살며시 눈 감고 서면
계획이 없어도 가볍지 않고
일이 쌓여도 무겁지 않아
뚜벅뚜벅 어디든
스스럼없이 갈 수 있을 것 같아
환히 웃으며 가장 든든한 구두를 골라 신는다

소리

소리에 별빛 이슬이 내리면
마알간 하늘이 된다

그 하늘에는
뻐꾸기
소쩍새
개구리
귀뚜리가 사는데

뻐꾸기가 울면 소쩍새가 울고
개구리가 울면 귀뚜리도 운다

응답이 없는 소리는
소리가 아니다

청아한 소리에는
늘 청아한 울림이 따른다

가끔은
소리가 보고 싶을 때가 있다

불을 끈다
촛불 하나쯤 밝히고 싶으면
눈을 감는다

소리는 어두운 곳에서도
눈을 감아야 또렷이 보인다

소리의 하늘
거기에도
이슬이 내리면

괴불주머니

채우고 싶은 주머니
그리 많아도
어느 하나
제대로 채워지더냐
바람만 가득가득 채우다가
향기 한번 제대로 못 피우고
스르르 잦아지던
샛노란 슬픔 한 다발

나락

나락은
물만 먹고 자라지 않는다
밤늦도록
여름밤 별처럼
우수수 쏟아지는 개구리소리
돌담 너머로 들려오는
할부지의 밭은 기침소리 하나까지도
알뜰히 씨방 가득 담아
잠들기 아쉬운 시간만큼
연한 하늘빛 꿈을 엮기도 하고
땀에 젖은 신명난 춤을 추다가
어느덧 노을빛 손짓 앞에
가만히 고개를 숙이면
하나같이
알뜰히도 갈라지는
몸뚱어리

씨앗, 그 여물어가는 삶

쉬운 말로 그냥
씨앗이라 하지

질긴 삶
한 자락에 붙어
하루에도 여러 번
엎치고 덮친 몰골
어느 한 부분 성한 곳
긁어 긁어모아
안치된 성시(聖屍)

때로는 바람 같은 겨울 도랑물소리
황량한 들판에 서서
허옇게 드러낸 속살 같은 목소리로
아이야 아이야
손을 저어
불러보는 부활(復活)

이리 날리고 저리 차인
숱한 방황의 편린들
사슬처럼 엮이면서
등불을 향해 끝없이 끝없이
날아드는 나비처럼
세상을 본다

씨앗 하나

단풍

외로운 이들에게 보내는
말 없는 위로

가난한 계절에 베푸는
따뜻한 자선

사위어가는 목숨 앞에 바치는
기꺼운 헌혈

모든 걸 주어도
모든 걸 줄수록
뼛속 깊이 저며오는 차디찬 계절 앞에
목놓아 우는 통곡

늦가을 단상

어느덧 슬그머니
꼬리를 접은 가을
좁은 뒷모습으로
머리칼 날리고
비인 공간에는
잠시 햇빛이 따가울 뿐
쫓기는 사람처럼 바빠
안개처럼 깔린
싸늘한 기운 속엔
쓸어도 쓸어도
뒤처진 낙엽
허허로운 바람뿐

옷깃을 여민다
눈을 감는다

초겨울

문턱이 높은 듯
아득하다가도 발만 들이밀면
안방까지도 쉬
미끄러져 들어오는 냉기가
웅크린 난로 앞에서
쿨룩쿨룩 가래 섞인 기침으로
뒤척이다가
새벽이 되어서야 겨우 잠이 드시던
돌아가신 아버지까지 일깨우고

작은 바람에도
크게 떠는 사람들이 부쩍 늘어
여밀수록 옷깃 사이로 파고드는 궁색함에
어, 네 이름이 뭐더라
불알친구도 못 알아보다가
알아보고도 얼른 고개를 돌리는
차가운 골목길

때늦은 민들레 하나
홀씨보다 가볍게 피었다가
쉽게 가버리는 길섶
그래도 안타까운
햇빛 한 줌
살포시 내리고
간혹 별빛도 눈을 맞추곤 한다

제3부

배경

사람 뒤에는 사람이 서야 배경이 되는 기라
안 바뿌만 좀 쌔기쌔기 나와 바
그 뒤에는 서고
앞에는 앉아야지
중간 사람들은 좀 수구리
아 좀 수구리라는 말 안 들리여
많아야 힘이고
높아야 힘인 기라
까짓 무지랭이들 배경이라도 좋아야지

가운데 자리 두 개는 비와나라 잉

아버지 1

가물가물한 어둠 속에서
반딧불이처럼 깜빡이는 담뱃불
논둑으로 이어진 길을 따라
봇도랑을 건너고
더듬어 더듬어 간
새봇들 너 마지기 논배미

아부지요!
대답보다 밭은 기침소리가
더 아버지다
한 모금 더 쿨룩쿨룩 내뿜는 담배 연기에
훈기가 돈다
구수한 아버지 냄새

물꼬를 다시 보고
지게를 지시는 아버지를 따른다
아버지가 가시는 길은
전혀 좁지 않다

전혀 어둡지 않다
아버지가 밟으신 곳만 밟아
깡충깡충 따라가는
너무 행복했던 귀갓길

아버지 2

저녁때가 지나도
들에서 돌아오시지 않는 아버지를
형과 함께 마중을 나간다
커튼처럼 내리는 어둑살을 밟으며 간
새봇들 봇도랑
아부지요
아부지요
대답 대신 묵은 기침소리로 먼저 만난
아버지의 공처럼 둥근 등이 아직도
나락 위를 희미하게 떠다니다가
천천히 고개를 들면
아, 산보다 크신 아버지
병아리처럼 종종걸음으로 아버지를
따르는 두 엉덩이가 기분 좋은 촛불처럼 흔들린다

아버지 3

옛날에 이런 사람이 있었단다
밥상머리에서
언성 한번 높이지 않으시고 차분하게 이어지던
말씀에는 늘
굵은 뼈가 들어있었다
숟가락을 입에 넣다 말고
예, 아버지
가슴으로 녹아들던 아버지의 그 순하디순한 말씀이
세상에서 가장 무거운 꾸지람이었음을 지금은
더욱 알 것 같다

낙동강

아부지가 지름을,
그때는 석유를 기양 지름이라고 했대여
문경에서 한 짐 지고 니리가민서 동네 앞에서
불이 왔다고 소리를 질러대만
양재기를 들고 나오고 빙을 들고 나와서 지름을 받아 가는데
희한한 거는 나오는 발짜꾸를 따라 실핏줄매로 물질이 열리고
열리는 물질에는 잉어 같은 눔들이 펄떡거렸대여
아부지 지름에 불을 붙이만
곱게 피는 꽃매로 팔랑거리다가 운젠지도 모루게
들불매로 번지는 물질
아, 시상보다 너른 물질 앞에 고만 고개를 숙이만
늘 까칠하기 서 있던 아부지 시염매로
바람이 불어도 씨러지지 않는 꼿꼿함우로
강바람 겨울을 이기내던 갈대가
물질 여불때기에 서서 막 손을 흔들었대여
올라오는 질에는 소금 한 가마이를 사서 짊어지고

가는 데마다 소리를 질러서
짜군 소곰이 왔다고
안 썩는 소곰이 왔다고 하만
구름매로 몰리와서는
저 마이 달라고 손을 내미는데 그 눔들 발짜꾸를 따라서
또 물질이 열리는 걸 봤대여
가끔 아부지
황량하기 흐르는 시월로 누워 뒤척거리는 날,
사랑방을 찾아드는 발질소리 벅적대만
물이 온다고,
시방 물질이 몰리온다고 밴기민서
맨날 이얘기가 질어져여
이얘기 끄트머리에 운제나 아부지는
아부지가 물질을 맨글었대여
아부지가 냄긴 고 시커먼 발짜꾸들을 따라오던 물질을
사람들이 고래 부르는 거래여
낙동강이라고

돈호법 인생

그녀의 이름은 순자였다
아빠는 자주 가시나라고 불렀고
엄마는 지지바라고 불렀다
오빠는 야라고 했고
친구들은 종종 팥죽할멈이라고 불렀다
모르는 사람들은 학생이라고 불렀고
'아가씨' 라고 부르기도 했다
과장님은 굳이 미스 김이라고 불렀고
대리님은 김 양이라고 불렀다
조금 후에는 그녀가 대리가 되었다가
잠시 순자라는 이름을 되찾는다
듣기만 해도 가슴 설레는
순자 씨!
곧 엄마,
복순이 엄마가 되면서
자연스럽게 아줌마가 되었다
두부사세요, 두부사세요!
어이, 두부 두부,

두부가 되기도 하고
밤으로는 찹쌀떡이 되기도 하고
가끔 여사님이 되기도 하다가
무거운 학부모님,
할머니
어르신
고 경주김씨로 바뀌어간다
우리는 살아가면서 늘 누군가에게 불리며 살아간다
누군가를 부르며 살아간다
돈호법 인생

인간적인, 너무나 인간적인

예초기로
풀을 벱니다

마구 넘어지는 잡초들 사이에
아—하하하
통쾌한 내 마음도
잡초보다 더 많이
파도처럼 물보라를 일으키다 넘어집니다

거기서
잠시 무참하게 넘어진 인생들이 불쌍하고
그러다가
잠시 깨끗해진 논둑이 너무 상쾌하고
그러다가
아이고, 왜 그러키 힘들기 일을 해여
풀약 한 통만 뿌리만 될낀데…….
하얗게 말라버린 할매의 쪼그라진 마음 밭 앞에서
아, 문득 인간적인,

너무나 인간적인,
예초기 인간, 나를 가볍게 만납니다

산벚나무도

동로중학교 운동장가에는
산벚나무들 모여 살아요
이른봄
외로운 소쩍새 한 마리
살그머니 와서 귓속말로 손을 내밀면
소말리아 나라 굶주린 아이처럼
비쩍 마른 가지에서도
부끄러운 듯
못 이기는 척 피어나는 홍조
어느 덧 물감 번지듯 스르르
하얗게,
때론 분홍으로
때론 가벼운 녹색으로 뻗쳐오르기도 하고
여유롭게 늘어지기도 하면서
가족처럼 살아요,
가족으로 살아요

은척 갈라만 우에 가여

우산재를 넘어야 대여 남우 밭뙈기 부치 먹고 살던 순자네 할부지도 터덜터덜 걸어서 넘던 우산재라 가슴이 널러 여끼풀 하나에도 이얘기가 엮이고 굽이굽이 전설을 한 아람 안고 돌아 강물매로 이서지던 긴 역사가 있었구만 그 우에 아스팔또가 깔린께 도로 산허리 꼬부라져 신음소리 붉은 나리 눈을 열만 까마득하기 매달린 하늘 개까이로 인제는 털털거래지도 안 하는 빠수가 재채기도 한분 안 하고 넘어 하흘에 닿아여 할매매로 포근한 추억 하나 너른 냇가에서 하품을 하고 낚시줄매로 찔긴 목숨들 집을 지키고 앉았구만 대리 두 개로 이서지는 연분으로 오지랖 너른 은자골 들판에는 늘 반가움이 넘치는데 텅텅 빈 장터에는 쥐새끼 한 마리 자부루운 눈을 비비고 꼬부라진 할매 둘쯤 후유 허리를 뚜디리민서 빠수에서 니리여 거개가 은척이라

끄트머리

초등학상들이졸업하만중학상이되고중학상이졸업하만고등학상이돼여어제졸업상이내일입학상이되는기지동몽선습을다읽었다고끝이라아이라또맹심보감이시작되고소학대학으로이어지는기지꼬리에앉았다고오대그게끝이라아이라금방머리가돼여머리가금방꼬리가된다는거를사람들은더몰라꽃이피었다가지만그자리에알갱이가달리고다시꽃이안개처럼피는것도시상이치지암시상이치고말고해가지만달이뜨고달이지만다시그자리에해가앉자나우리어머이죽는날내가우리딸을낳았지우째어머이혼백우에우리딸이앉은거겉애서어머이가딸인지딸이어머인지그러키시상이이서지는기구나하는생각이들어여시상살이는슬픔이사라지만기쁨이앉고기쁨이앉았던자리에는다시슬픔이앉기매련이구만웃음자리에도그래서자연히눈물자국이있기매련이라물론눈물자국에는금방장미향기겉은웃음이훤하게피어날끼구만

시상은운제나무신일이든동끝이끝이아이라끝은다시머리가돼여암그렇고말고

기도

청소를 하고
몸을 씻고
문을 닫고
커튼을 치고
불을 끄고
책상다리를 하고
눈을 감고
입을 다물고
손을 모으고 모아
고개를 숙이고 숙이고 숙여
마음을 모으고 모으고 모으고 모아
욕심을 떨치고 떨치고 떨치고 떨치고 떨쳐
다른 이들을 위하여 위하여 위하여 위하여 위하여 위
해

반달빛 웃음 한 자락으로

그대의
반달빛 웃음
그 위에 노래 하나 얹습니다
소리가 익을수록
살져가는 달
그 안에서 눈부시게 다가서는 당신은
어쩌면 달빛
누군가 그리워 하늘을 보는
어깨 위로 눈처럼 소복이 내려앉는
달빛 한 줌
살포시 쥐었다 흩으면
어느덧 저 만큼 별이 되어 반짝이고
민들레 홀씨처럼
하늘을 날아날아
어디든 가는 꿈이 되기도 하여
당신의 웃음 한 자락이
이리도 행복인 줄을
당신이 떠난 빈자리에서 느낍니다

하지만 알고 있습니다
당신은 여전히 나의 하늘을 밝히는
한 자락 달빛이라는 것을

이별

그대를 향한 그리움이
때도 없이
내 마음의 창문에
터—억
걸터앉으면
갑자기
집이 흔들리고
뻥 뚫린 가슴으로
휘—잉
바람이 지나갑니다
창 밑에서
고개를 내밀던
제비꽃도
고개를 숙이고
지나던 아이들
눈만 동그랗게 뜬 채
아무 말이 없습니다
창문을 닫는 동안에도

몇 번이고 몇 번이고
바람이 붑니다

엔터(Enter)

회초리가 준비된
방문 앞에서 떨어본 적이 있는가?
설사
기쁨의 말을 입안 가득 담고 있다 해도
문고리를 잡고 선 아이는
선뜻 문을 열지 못한다
하루에도 여러 차례
편지를 쓰고
댓글을 달고
이력서를 쓰고
신춘문예 소설을 쓰고
칼럼을 쓰고
고소장을 쓰고
연애편지를 쓰지만
보내지 못하고 돌아서는 씁쓸함에
가슴 태우는 영혼을 본 적이 있는가?
컴퓨터 앞에 제대로 앉아본 사람은 안다
엔터 한번 두드리는 일이

한 줄 아래로 가볍게 내려서는 일만이 아니라는 걸
일상이 바뀌고
인생이 바뀌고
세상이 바뀔 수도 있음을 깨닫는 순간,
쓴 것보다 더 오랜 시간 동안
망설임 위에 앉아 떨 수도 있다는 걸

화로

할매 옆에는 늘
화로 하나 있어
짚을 태워도 남는 재는
따스한 체온으로 모인다

모여있어 꺼지지 않는 불씨로
가슴을 데워두고
사람들이 다가와
차가운 손 내미는 계절이면
더욱 불을 피워
화산보다 뜨거운 열정으로
살아난다

산다는 게 즐거워 흘리는 눈물은
때로는 기름이 되어
더욱더
뜨겁게 일어선다

장날

영영 볼 수 없을 것만 같아
주절주절 눈물 섞어 읊어대던
사모곡 한 소절
장터 샛골목 떡집에서도
실을 사고 바늘을 사던 자그만 잡화상에서도
보리쌀 좁쌀 파는 쌀집에서도
가끔은 비단집에서도
환한 미소로 살아계신 어머니
터는 마음으로 잊으려던 마음 밭에 되려
더 넓게
더 멀리
구석구석까지
그리움의 씨를 뿌리시는 어머니
어머니

명주

그리움은 늘
사람의 마을에서 더불어 살아온
손길 같은 것이었어요

보일 듯 말듯 가늘어도
질긴 향내 가득한 연민으로 뽑아낸 실
쑥 마늘 향기 진한 인고의 언어로
끝없이 더듬어 이어온 사랑
누에의 입을 거쳐 나온 지순한 고백
오래 이어가다가
조금 멈추다가 드디어
죽어도 좋을 만큼 여문 동통을 안고 살며시 웅크리면
아, 죽어야 산다는 희망이 하이얀 고치로 부풀어 오르는 것이었어요

그리움은 늘
사람의 마음에서 더불어 살아온
정 같은 것이었어요

강강수월래로 돌고 돌아
투박한 아낙들의 정성으로 풀리고
쾌지나칭칭나네
장삼자락 날리는 사내들의 신명으로 풀린
보일 듯 말듯 가는 실들이
훤칠한 견우들의 날줄로 서고
우아한 바람처럼
직녀들의 부드러운 씨줄로 스며들어
꿈이 되고
사랑이 되어
몸도 안고 마음도 안고
주검마저 편안히 감싸 안아
죽음마저 평화롭게 하는 그런 것이었어요

묘사

유세차
모월 모일
세월처럼 쌓인
낙엽 위에
밤 두 개,
사과 하나
제수(祭需)로 얹어두고 허리를 숙이다

문득
고개를 들면
아득한 세월 저 너머에
누워있던
신화(神化)
낙엽 한 잎으로
살포시 날아 건너와 맞절을 하다

생각하면 세월이
낙엽처럼 가벼워

때론 이슬이 되고
간혹 별이 된 전설
아는 듯 기억이 없는 머리 위에 맴돌다

어느 골짝
낯익은 산모퉁이
입술처럼 차가운 추억 위에 앉아
하얗게 추슬러 봐도 못내 낯설어

바람,
때론
구름 따라 떠돌다
한 해에 한번 만나는 반가운 손길
모처럼 잡을라치면 어느 새 상향

비 내리는 바닷가에 서면

내가 어디에 있는지 잘 모를 때가 있다
내딛는 발자국이 두세 번 파도에
흔적도 없이 사라지면
순간
까마득한 추억처럼 늙어가는 세월
숱하게 내리는 빗물을
내색도 없이 수용하는 욕심
오히려
더욱 넘실대며 기웃거리는 광기 앞에
아무것도 가진 것 없이
발자국 하나마저 기꺼이 포기하는
내가
때로는 더 커 보일 때가 있다

갈선대

갈 우에 서다
그 우에 눌
물 우에 서다
그 우에 바람
바람 우에 서다
그 우에 사람
사람 우에 서다
한 발 재겨
디딜 틈 하나 없는 세상
그 우에 서다

* 갈선대: 안동 이육사의 고향 왕모산 중턱에 위치한 대로써 이육사가 「절정」을 구상한 곳으로 알려지고 있음.

그들 앞에서

살아있는 무덤이 있다
망월동 5 · 18묘역을 가면
묘지들이 살아
피 묻은 살점들을 내보인다
길을 가다가
이마가 뚫려 죽어간 할머니와
냇가에서 목욕을 하다 총 맞아 죽은
열네 살짜리 머슴애
승희와 재호, 그리고
경대가 지금도 파이프 앞에서 떨고 있고
정순이 아지매도
연세대 앞 굴다리 위에
한 점 살아있는 역사로 서 있다
그 중에도
철수의 무덤은 더욱더 살아
아직도 제 할 도리를 다하지 못하는
내 가슴 위에

손을 얹는다
교육을 살리겠다고
온몸에 시너를 뿌려 분신을 한 철수가
죽어도 죽지 않는 한으로
다시 몸에
시너를 뿌리며……
나는 살아있는가?
죽어도 살아있는 무덤
그들 앞에서

해설

교단시의 새 지평, 사실주의적 휴머니즘

김영철(문학평론가, 건국대 교수)

조지훈은 한용운의 삶과 시세계를 삼위일체적 도형으로 그려낸 바 있다. 승려로서의 삶, 민족 지도자로서의 삶, 시인으로서의 삶이 그것이다. 그러한 삶의 지형은 각기 불교의 노래, 저항의 노래, 사랑의 노래로 승화되어, 한국 근대시의 꽃인 『님의 침묵』으로 피어났던 것이다. 『님의 침묵』엔 이러한 만해의 삶의 그림자가 투사되어 있다. 그런 점에서 『님의 침묵』은 만해의 자화상이요, 초상화인 셈이다.

이상훈의 시는 마치 이러한 만해의 삼위일체적 시경(詩境)을 보여준다. 그의 시에는 아이들이 뛰노는 학교, 꽃들이 피어나는 들판, 사람들과 어울려 사는 삶의 터전이 주된 배경이 된다. 시인은 아이들, 자연, 사람들의 풍경을 한 폭의 아름다운 수채화로 빚어내고 있다. 학교, 자연, 인간이 이상훈 시의 화두요, 삼위일체적 시경이다. 그는 평생

교단을 지키고, 들판의 꽃을 바라보며, 사람들이 살아가는 의미를 천착했다. 즉 그의 생의 지평은 교단과 자연과 일상이었다. 그 속에서 시인은 생의 존재론적 가치와 시의 미적 가치를 추구했다. 그런 점에서 학생과 풀꽃은 그를 가르친 평생교사였으며, 사람들은 영원한 생의 동반자였다. 이러한 삼위일체적 시경이 한 폭의 풍경화로 피어난 것이 『나팔꽃 그림자』다.

나팔꽃에는 그림자가 없다. 그러나 시인은 그림자를 보고 있다. 시집에서 나팔꽃은 중의적인 함의(含意)를 갖는다. 하나는 자연이고, 또 하나는 아이들이다. 시인은 나팔꽃에서 순수한 자연만 보는 것이 아니라, 나팔꽃처럼 피어나는 아이들을 보고 있다. 그런데 왜 그림자일까. 꽃 그림자는 아무나 볼 수 있는 대상이 아니다. 범인들은 꽃의 형상에만 매달리지 꽃의 그림자는 보지 못한다. 시인에게 꽃 그림자는 꽃의 본질이다. 그림자는 본체를 비춰주는 본질의 영상이다. 시인은 이 영상을 통하여, 꽃의 본질, 즉 자연의 실체를 보고 있다. 프랑스 천재 시인 랭보가 사물의 본질을 꿰뚫는 투시자였듯이, 시인은 꽃의 그림자를 통하여 자연의 맨얼굴을 보고자 하였던 것이다. 그의 자연시에는 이러한 투시자로서의 형형한 시선이 빛나고 있다. 별빛에서 외로움을 읽고, 진달래에서 누님의 슬픔을 찾아내는 우주적 상상력은 이러한 시선에서 가능한 것이었다.

아이들로 표상된 나팔꽃 그림자는 무엇인가. 시인은 천진난만한 아이들의 웃음 뒤에 숨어있는 어두운 그림자를 보고 있다. 제도권 교육에서 신음하는 아이들, 엄마 아빠를 잃고 소녀 가장으로 살아가는 아이들의 울음과 슬픔을 읽어내고 있다. 아이들을 가르치는 교사로서, 교육과 가정의 어두운 그림자를 찾아내고 있는 것이다. 나팔꽃처럼 환한 웃음 뒤에 숨어있는 어둠의 그림자, 그래서 '나팔꽃 그림자' 이다. 『나팔꽃 그림자』에는 '느리게, 낮게, 작게' 라는 '나팔꽃 동인' 들(김용택, 도종환, 안도현 등)의 삶의 미학이 반영되어 있다. '빠르게, 높게, 크게' 만을 위해 살아가는 현대인의 왜곡된 가치관에 하나의 경종을 울리고 있다. 그런 점에서 『나팔꽃 그림자』는 우리의 삶에 빛을 던져주는 하나의 경구(epigram)요, 잠언집이다.

1부에서는 교사시인으로서 아이들과 함께한 체험들을 형상화한 일종의 교단시이고, 교육현장시이다. 시인은 일찍이 참교육을 실천했던 '참교사' 였고, 지금도 교단에 서 있는 일선 교사이다. 교육현장에서 겪었던 일화들을 바탕으로 학생들의 꿈과 절망, 기쁨과 슬픔을 휴머니즘의 시각으로 형상화하고 있다. 무엇보다 제도권 교육으로 신음하는 아이들의 고통과 문제점을 참교사의 시선에서 바라보고 있다.

행복은 성적순이다!
아이 미치겠어
착하고 공부 잘하는 아이들이 최고인 세상에서
군대식 질서를 배우고
교복으로 고삐를 매어
(중략)
그렇게 외로운 땅에
나팔꽃 덩굴처럼
서럽게 서럽게 얼마를 더 기어야
꽃을 피울까?

(중략)
신나는 나팔소리
언제나 울리게 될까?

나팔꽃 그림자 진
서러운 교실이여

—「나팔꽃 그림자」 부분

시집 제목이 된 「나팔꽃 그림자」이다. 제목만큼 시집의 의도와 내용을 대표하는 시이기도 하다. 시에서 시인은 나팔꽃의 그림자를 분명히 보고 있다. 나팔꽃처럼 피어나야

할 아이들이 제도권 교육에 짓눌려, 꽃을 피우지 못하고, 나팔소리도 낼 수 없음을 한탄하고 있다. "행복은 성적순"이라는 키워드가 제도권 교육의 문제점을 압축한다. 그 성적순을 위하여 아이들은 군대식 질서를 배우고, 교복으로 무장한 채, "외로운 땅"을 기어야 하는 것이다. 그래서 나팔꽃 그림자만 드리운 "서러운 교실"이 된 것이다. 이러한 시인의 시각은 「강」에서도 발견된다. "아이들은 언제나/방정식을 풀고/부정사를 배우고/방정식으로 바쁘고/부정사로 바쁘다/못난 녀석들은/닫힌 가슴을 더욱 여미고/거기에 빗장을 건다". 그렇게 닫힌 문은 끝내 '단절의 늪'이 되는 것이다. 단절의 늪에서 허우적거리는 아이들을 시인은 애처로운 시선으로 바라본다.

그러나 시인은 할 일이 없다. 단지 "지식 팔이" 교사로 남아있던 그는 이제 교단에서 쫓겨나, 학교 주변의 노점상으로 전전한다. "어제 지식을 팔던 그 교실, 그 교문 앞에서/오늘은 참교육 물품을" 팔고 있을 뿐이다. 아이들은 "선생님, 언제 돌아오세요" 매달리며, "죄인인 양" "고개를 숙인 채 훔쳐만 보고 서 있다".(「참교육 장터」) 이런 무기력한 교사로서의 자화상을 담담하게 그려내고 있다.

그렇지만 그에게 희망은 아이들뿐이다. 교사로서의 마지막 존재 이유, 그것은 아이들에게 다가가 진정한 참교육을 시키는 일이다. 아이들과 함께 숨 쉬고, 그들과 함께 어깨를 나란히 하고 싶다. 그러나 그것도 쉬운 일이 아니다. 세대 간의 높이가 둘 사이를 가로막고 있기 때문이다. 소풍 가는 버스에서 선생님은 아이들이 부르는 노래를 따라 하지 못한다. 거기서 그는 심한 세대 간의 간극을 체험한다. "나는 아이들의 노래를 들으며/딴 세대를 만난다". "아이들이 부르는 노래를 따라 부르지 못하는/그만큼의 세대차 앞에서/그만 나는/내 나이가 부끄럽다"(「소풍가는 버스 안에서」)라고 시인은 아이들과의 세대차를 안타까워한다. 하지만 아이들의 땀 냄새를 맡으며 마침내 하나가 된다.

우리반 아이들을 만날 때는
냄새로 만난다
가을 들판
땀 냄새 그득한
아버지로 만나고
때로는 텃밭에서
깨를 터는 엄마로 만나
(중략)
그때 그 나이에 걷던 논둑길 함께 걸으며
나는 옛날이야기를 하고
아이가 활짝 웃으면
수십 년 떨어졌던 세월이 그렇게 만난다

그제서야 우리는

어깨동무를 한다

—「만남」 부분

이렇게 시인은 땀 냄새로 아이들과 만나고, 어깨를 나란히 한 채 동행할 수 있는 것이다. 땀 냄새로 만난다는 것, 그것은 곧 인간적인 체취를 의미한다. 여기서 시인의 휴머니즘적 시각을 엿볼 수 있다. 교사와 학생간의 세대적 간격을 "땀 냄새"로, "어깨동무"로 극복하고 있는 것이다. 인간적인 만남, 대등한 인격적 만남을 시인은 희구하고 있는 것이다.

시인은 교사로서 가르치는 학생들에게 따뜻하고, 애정어린 눈길을 보내고 있다. 아이들 모두가 시인에게는 "꽃봉오리이고, 나무줄기고, 밤하늘에 떠 있는 별"이다. 그만큼 그에게 소중한 벗이고, 희망이고, 영원한 대상이다. 하여 시인은 아이들 한 명 한 명을 호명하여, 예쁜 꽃말을 지어준다. 순수하고, 소박했던 '정은'이는 찔레꽃이 되었고(「찔레꽃 하나」), 늘 꿈을 꾸던 '찬미'는 해바라기가 되었으며(「해바라기」), 심지가 곧던 '미경'이는 수선화가 되었다.(「수선화」)

눈 하나만으로도
말할 수 있다
(중략)
되레 아름다운 미소로
미소로 자라난 노란 눈빛 하나

—「해바라기」 부분

땅속보다 깊은 고뇌가 되려
제 키를 키운다는 사실은
참 아름다운 충격이었어요
노란 수선화 한 송이

—「수선화처럼」 부분

이렇게 '애진' 이는 홍시로(「홍시 하나」), '화랑' 이는 복숭아로(「복숭아 빛깔」), '영현' 이는 감꽃으로(「감꽃」), '지영' 이는 옹달샘으로(「옹달샘」), '소은' 이는 조약돌로(「조약돌」) 다시 태어난다. 선생님의 따뜻한 손길, 눈길에 따라, 각기 자기 색깔과 모양에 맞는 예쁜 꽃으로, 옹달샘으로, 조약돌로 소생하는 것이다. 이러한 통과제의적 명명법은 마치 성인이 되기 위한 입사식(initation)을 연상시킨다. 시인은 교사로서 아이들의 성인식을 주재하고 있다. 이러한 성인식은 시인의 제자들에 대한 각별한 애정과 관심 없이는 불가능한 일일 것이다.

이러한 명명법에는 동시적 상상력이 작동하고 있다. 아이들의 모습을, 아이들의 시선으로 동심의 세계로 그려내는 것이다. 순수하고 천진난만한 아이들의 시선에서 대상을 바라다보는 일, 그것이 바로 동시적 상상력이다. 맑고 투명한 동심의 세계, 그러한 시선으로 아이들을 볼 때, 그들은 모두 한 송이 꽃으로 피어나는 것이다, 이러한 동시적 상상력을 시인이 구유(具有)하고 있다는 것은 흡사 윤동주의 상상력을 연상시킨다. 윤동주 역시 순수하고 해맑은 시선으로 우주와 세계를 바라보았던 것이다.

시인의 이러한 따뜻한 시선은 부모 잃은 가장 소녀나, 엄마 없는 불우한 아이들에게로 향해 간다.

그 골목
그 돌담
그 풀꽃 하나 다치지 않아
더듬어 더듬어
언제라도 오실란가, 엄마

보고 싶을수록
골목길은 더욱더 좁아 보이고
없던 돌부리 크게 보여

몽당비를 든다

—「소망 하나에 엄마를 담아」 부분

엄마가 집을 나가고 아빠랑 사는 아이의 모습을 그린 시이다. 집 나간 엄마가 혹시 돌아올 것을 기다리며, 골목길을 몽당비로 쓰는 애처로운 모습이 그려진다. 엄마가 좋아하던 들꽃을 다치지 않으려고 애쓰는 모습이 애잔하다. 이러한 불우한 아이들에 대한 따뜻한 시선은 다시 가출한 엄마를 그리며 사는 '광희' 에게로 향한다. "어미 품을 떠난 병아리처럼 삐약삐약/엄마가 보고 싶" 어서 "이 세상 어디에나 있는 듯하다가도/아무 데도 없어 늘 빈 가슴" 으로 살아가는 광희를 시인은 연민의 정으로 끌어안고 있다. '소영' 이의 「나무」도 그렇다. "앙상하게 견딘/메마른 겨울 위에/밤톨 같은 푸른 기운" 으로 일어서는 소영이를 그리고 있다.

때로는 부끄러움을 잘 타, 자신을 잘 표현하지 못하는 '현진' 이를 '연필' 로 비유해서 묘사하기도 한다. "진아/연필을 깎아본 적이 있니/깎을 때마다/보오얀 세상/가슴 설레는 만남" "새살로 돋아나는" "아름다운/세상" 이라고 노래하여, 현진에게 부끄러움을 털고, 가슴을 열어 새로운 세상을 맞으라고 당부하고 있다. 새로운 세상 만나기를 '연필 깎기' 로 묘사한 부분은 참으로 탁월한 비유이다.

시인은 10여 년 전 촌학교에 근무할 때 아이가 준 반지를 아직도 끼고 있다. 반지를 보며, "반지처럼" "둥근 웃음으로 환하던 그 아이"(「반지」)를 잊지 않기 위해서이다. 반지는 아이와 시인을 이어주는 추억의 매개물인 것이다. 아이들과의 끈끈한 인연의 끈은 때로는 연줄로 비유되기도 한다. "나와 너 이어주는 연줄에/기름도 먹였으면 좋겠다"(「산다는 것」)라고 시인은 말한다. 만남의 연줄이 끊어지지 않기 위해 기름을 먹이는 것이다.

이처럼 이상훈 시에서 '참교사'로서 '참교육'을 실천하는 '참모습'을 만날 수 있다. 진정한 이 시대의 스승의 초상화가 아름답게 그려지고 있다. 따라서 그의 시는 언어로 그린 아름다운 초상화인 것이다.

2부는 말 그대로 시인의 자연관이 잘 드러나는 시편이다. 자연과 더불어, 자연 속에서 살아가고자 하는 시인의 세계관이 잘 드러난 시들이다. 그의 자연관은 주로 꽃 이미지를 통하여 구체화된다. 동시적 상상력에 기대어 세상을 꽃의 눈으로 바라보고자 하는 것이다. 그러나 결코 꽃의 아름다운 모습만 보고 있지 않다. 때로는 삶의 질곡에서 헤매는 가난한 어머니와 누이, 무지랭이 농사꾼도 한 송이 꽃으로 피워내고 있다. 꽃을 통한 자연관의 표출은 대체로 의인화의 기법을 통하여 실현된다. 꽃을 객관적, 심미적 대상으로 관조하지 않고, 살아 숨 쉬는 하나의 생

명제로 승화시키고 있는 것이다. 다시 말해 자연을 있는 그대로 바라보는 것이 아니라, 인간 속으로 끌어들여, 인간적 의미로 채색하고 있는 것이다. 이때 작동되는 상상력이 바로 우주적 상상력이다.

꽃은
비가 와도 우산을 쓰지 않는다
천둥이 울어도 귀를 막지 않는다
(중략)
그 위에 천둥빛 별들의 노래
나비들의 춤이 어우러져
비로소 세상의
작은 향기 하나 된다는 것을 안다

—「꽃」 부분

꽃의 탄생과정을 그린 꽃의 우주학이다. 꽃은 비가 와도 우산을 쓰지 않고, 천둥이 쳐도 귀를 막지 않으며, 자연 그대로 동화되어 한 송이 꽃을 피워내는 것이다. 그리하여 세상을 밝혀주는 향기가 된다. 그러기에 시인은 꽃을 하나의 우주로, 세상을 밝히는 등불로 받아들이고 있다. 그래서 "들길을 가다/살며시 발목을 잡는/수줍은 향기 하나 주워/손 위에 놓으면/자주 별이 되곤 한다/꿈이 되곤 한다"

(「제비꽃 하나」)에서처럼 제비꽃이 그에게 별이 되고, 꿈이 되는 것이다. 제비꽃에서 시인의 꿈을 보는 것이 바로 우주적 상상력이다.

릴케는 하늘에 별이 있고, 땅에는 꽃이 있고, 사람에게는 사랑이 있다고 노래했다. 별과 꽃, 우주의 자연물에서 릴케는 사랑의 의미를 찾아냈던 것이다. 이처럼 하늘, 별, 달, 바람, 꽃과 같은 자연물에서 인간적 의미를 도출하는 상상력을 우주적 상상력이라 부른다. 윤동주 역시 하늘과 바람과 별에서 시와 사랑을 읽어냈던 것이다. "별 하나에 추억과 별 하나에 사랑과 별 하나에 쓸쓸함"을 찾아냈던 (「별헤는 밤」) 그 힘도 바로 우주적 상상력이다. 그리하여 시인은 「수선화」에서 "까마득한 깊이에서/가냘픈 고독으로 피어난/한 떨기 사랑"을 찾아내고 있고, 「괴불주머니」 꽃에서 "바람만 가득가득 채우다가/향기 한번 제대로 못 피우고/스르르 잦아지던/샛노란 슬픔 한 다발"을 노래할 수 있었던 것이다. 이처럼 시인은 동시적 상상력과 우주적 상상력을 통해 윤동주와 조우하고 있는 것이다.

꽃의 우주학은 때로는 꽃의 현상학으로 바뀐다. 다시 말해 꽃을 심미적 대상으로 보지 않고, 꽃을 통하여 어두운 세상과 현실을 보는 것이다.

길섶

가난한 잡초들 속에
개 같은 인생으로 서서
찬이슬, 강아지 똥에도
행복한 목숨
(중략)
또 하나
허기진 낫이 달려와
허리를 꺾어
척박한 땅에
다시 가난으로 남는 목숨

—「개망초」 부분

인용시에서 시인은 개망초의 이미지를 통해 서민들의 애환과 간난(艱難)한 삶을 유추하고 있다. "찬이슬"이 맺고, "강아지 똥" 굴러다니는, "길섶/가난한 잡초" 틈에 피는 "밥풀 같은 꽃" 개망초는 "가난으로 남는 목숨"을 부지하며, '개 같은 인생'을 사는 서민들 이미지, 민초들 이미지 그 자체인 것이다. 이러한 민중적 시선은 「진달래」꽃으로 이어진다. 진달래는 화전을 일구다가 "오랫동안/폐병을 앓다 죽은/바알갛게 얼굴빛 곱던 누님"으로 피어나고 있다. 봄이면 산천에 피는 아름다운 꽃이지만, 가난으로 숨을 거둔 누님의 어두운 그림자가 짙게 깔려있는 것이다.

이러한 휴머니즘적 시각은 3부에서도 지속된다. 3부는 삶의 현장에서 겪는 일상적 체험과 시인의 인생관이 형상화된 작품이다. 무엇보다 시인의 가족사적 풍경들이 자주 펼쳐진다. 아버지, 할머니에 대한 유년기의 추억들이 연작시 속에서 파노라마처럼 전개된다. 그 가족사적 파노라마에도 휴머니즘적 인간애가 형상화된다.

할매 옆에는
늘 화로 하나 있어
짚을 태워도 남는 재는
따스한 체온으로 모인다

모여있어 꺼지지 않는 불씨로
가슴을 데워두고
사람들이 다가와
차가운 손 내미는 계절이면
더욱 불을 피워
화산보다 뜨거운 열정으로
살아난다

—「화로」 부분

이처럼 할머니는 따뜻한 난로불로 피어난다. 한겨울 추

위를 이겨내는 난로처럼, 할머니 이웃들에게 따뜻한 인정을 베풀었다. 이웃에게 따뜻한 손길을 내밀던 할머니의 모습에서 시인은 참다운 인간의 모습을 발견하고 있다. 그리하여 시인에게 할머니는 영원히 꺼지지 않는 난로의 불빛으로 남아있다. 그 불빛은 모든 인간에게 비쳐주는 휴머니즘의 불빛이었던 것이다. 이러한 휴머니즘의 불빛을 지키기 위하여 시인은 "눈을 감고/입을 다물고/손을 모으고 모아" "욕심을 떨치고" "다른 이들을 위하여"(「기도」) 기도하고 있다.

가족애에 바탕을 둔 휴머니즘은 산벚나무의 풍경에서도 펼쳐진다.

> 동로중학교 운동장가에는
> 산벚나무들 모여 살아요
> 이른봄
> 외로운 소쩍새 한 마리
> 살그머니 와서 귓속말로 손을 내밀면
> 소말리아 나라 굶주린 아이처럼
> 비쩍 마른 가지에서도
> 부끄러운 듯
> 못 이기는 척 피어나는 홍조
>
> —「산벚나무도」 부분

옹기종기 모여 사는 산벚나무에서 따뜻한 가족애의 숨결을 느끼고 있다. 동시적 상상력을 바탕으로 산벚나무의 홍조처럼 붉게 피어나고 있는 가족애를 지켜보고 있는 것이다. 때로는 참교육을 위해 희생된 선생님의 주검에도 시인의 휴머니즘의 눈길이 뻗치기도 한다. “교육을 살리겠다고/온몸에 시너를 뿌려 분신을 한 철수가/죽어도 죽지 않는 한으로/다시 몸에/시너를 뿌리며……/나는 살아있는가/죽어도 살아있는 무덤”(「그들 앞에서」)을 시인은 애정 어린 눈길로 바라보고 있다. 그 시선에는 함께 동참하지 못한 아쉬움과 부끄러움도 함께 녹아있다. “죽어도 살아있는 무덤”엔 진정 아이들을 사랑했던 선생님의 따뜻한 숨결이 살아있음을 시인은 목도하고 있다.

인생은 살기 힘든 것이다. 현실은 결코 녹록치 않다. 하여 시인은 팍팍한 세상살이를 풍자시로 그려내기도 한다. “사람 우에 서다/한발 재겨/디딜 틈 하나 없는 세상/그 우에 서다”(「갈선대」)는 이육사의 절창 「절정」을 패러디한 시이다. 이육사는 일제 폭압의 절정에 선 선구자의 결연한 의지를 노래하고 있지만, 이상훈의 시는 팍팍한 세상사의 절정을 노래한다. 그리하여 기회주의가 난무하는 세상사를 영화구경 장면으로 묘사하기도 한다.

사람 뒤에는 사람이 서야 배경이 되는기라
많아야 힘이고 높아야 힘인기라
까짓 무지랭이들 배경이라도 좋아야지

가운데 자리 두 개는 비와나라 잉

—「배경」 부분

배경, 세칭 '빽'이 좋아야 출세할 수 있다는 세속적 가치관이 풍미하는 세상을 신랄하게 풍자하고 있다. 영화관에서 좋은 자리 차지하는 것조차도 배경이 통하는 희한한 세상을 비판하고 있는 것이다. 이러한 비판의식, 현실인식이 그의 휴머니즘 사상을 만나 더욱 빛난다. 현실인식 없는 휴머니즘은 공허한 메아리에 불과할 것이기 때문이다. 삶의 현장에 밀착된 사실주의적 휴머니즘이야말로 진정성 있는 참된 휴머니즘일 것이다. 그런 의미에서 이상훈 시는 사실주의적 휴머니즘의 시다.

그러나 현실인식이나 휴머니즘은 서정성의 옷을 입고 나타날 때 시적 감동을 고조시킨다. 20세기의 지성 엘리엇(T.S Eliot)은 '사상을 한 다발 장미로 표현하라'고 말했다. 아무리 훌륭한 사상이라도 장미의 향기로 표현될 때 정서의 감염효과가 배가될 것이라는 믿음이다. 사상이 사상일 때는 그것은 철학이다. 예술이고, 시이기 위해서는 예술의 옷을 입혀야 한다. 시에서 예술의 옷은 바로 서정성이다. 그의 시에는 진한 서정성이 묻어난다.

어쩌면 달빛
누군가 그리워 하늘을 보는
어깨 위로 눈처럼 소복이 내려앉는
달빛 한 줌
살며시 쥐었다 흩으면
어느덧 저만큼 별이 되어 반짝이고

―「반달빛 웃음 한 자락」 부분

우주적 상상력 속에 서정의 별이 반짝이고 있다. "어깨 위로 눈처럼 소복이 내려앉는/달빛", 참으로 어느 시에서도 보기 힘든 서정시의 절창이다. 이상훈 시인은 천상 서정시인이다. 그의 시의 상상력의 두 기둥을 이루는 동시적 상상력, 우주적 상상력도 기본적으로 서정적 상상력의 다른 모습이다. 참교육과 현실인식이 민중시로서 자칫 이데올로기적 색채를 띨 수 있을 터인데, 이상훈 시는 그것에 서정의 옷을 입혀 더욱 공감대의 지평을 넓혀준다. 발레리가 지적한 대로 맛있는 사과 향을 즐기며, 사과의 영양소를 섭취할 수 있는 것이다. 이는 마치 이데올로기가 서정의 옷을 입고, "겨울속의 무지개"(「절정」)로 피어날 수 있던 이육사의 시세계를 연상시킨다. 이상훈의 시에서 이육사의 목소리를 들을 수 있는 것이다.

양식사면에서도 이상훈 시는 주목된다. 감정이입(empathy)의 공감효과를 넓히기 위해 시인은 의식의 흐름(「끄트머리」, 「꽃마리」), 이야기 시(「낙동강」), 대화체 시(「은척 갈라면 우예 가여」) 등을 활용하고 있다. 의식의 흐름 기법은 자칫 이상의 초현실주의 시의 경지를 넘나든다. 이러한 다양한 실험정신은 그의 시정신의 도저함을 단적으로 보여준 것이다. 시의식의 지평은 양식과 형식의 외연을 통해 확장될 수 있는 것이기 때문이다.

여기에 진한 경상도 사투리를 활용한 방언 전략을 구사하여 시적 효과를 높이고 있다. "아부지(아버지), 지름(기름), 질러대만(질러대면), 빙(병), 꽃매로(꽃처럼), 시상(세상), 소곰(소금), 마이(많이), 밴기면서(반기면서)" (「낙동강」) 등등이 그것이다. 실로 「낙동강」은 방언시라 해도 과언이 아닐 정도로 전편이 방언을 구사하고 있다. 이러한 방언구사는 지역 공동체 의식을 바탕으로 향토성을 배가함으로써, 시의 전달효과를 높여준다. 즉 구수한 사투리 속에 독자들이 흡입되어 정서적 감염 효과가 일어나는 것이다. 이상훈 시의 방언 전략은 이처럼 정서의 감염 효과를 위한 효율적인 시적 전략(poetic strategy)이었다.

이상훈 시는 동시적 상상력과 우주적 상상력의 두 기둥

에 교실과 자연, 삶의 현장에서 빚어지는 현상들을 아름다운 서정의 옷을 입혀 그려낸다. 구조적 모순으로 가득 찬 학교현장과 이기주의가 팽배한 세속의 어둠을 철저한 현실인식으로 수용하고, 비판하면서, 그것을 이념이 아닌 서정의 목소리로 노래하고 있는 것이다. 사상을 한 송이 장미로 표현하라는 엘리엇의 말처럼 그의 시에는 장미 향기가 가득하다. 이 장미 향기는 이상훈 시인을 서정적 사실주의 시인으로 서게 하는 시적 원동력이요, 힘이다. 그의 시혼에서 이육사의 민족혼과 윤동주의 예술혼의 영상을 만날 수 있는 것도 이 장미 향기 때문이다.

시인의 말

어릴 때부터 나는 시인이 되고 싶었다. 혹시 이렇게 쓰면 시가 될까? 이런 이야기는 어떨까? 되고 싶다는 간절함이 짙어지면서 나도 모르는 사이에 시인이 되어가고 있었나 보다. 삶의 조각들이 제 색깔에 취해서 빛을 낼 때마다 나는 그 풍경에 감탄사 하나씩 붙여나갔고 그렇게 모인 부호들이 이제 나의 마음 밭에서 꽤 여럿 싱싱하게 자라고 있는 것을 보면 그렇다.

아직도 어떨 때는 그 모습이 대견스럽다가 어떨 때는 부끄러워 숨기고 싶다가 다시 기특해지다가 안쓰러워지고……. 시가 될 것 같은데 시가 되지 못하고 머리 언저리에서 생각만 고추잠자리처럼 어지럽게 맴돌 때면 다시 삶을 되돌아본다. 삶에서 나오지 않은 시는 시가 아니라고 스스로 다그치기도 한다.

나는 세상 모든 사람들이 시인이 되는 날을 꿈꾸며 산다. 모든 사람들의 삶이 시의 가슴으로 걸어 들어가고 시가 삶의 품 안에 안겨 드디어 하나가 되면 시인들의 세상, 아름다운 시가 풍성하게 자라는 찬란한 세상이 될 것 같기 때문이다.

2013년 늦가을

이상훈

나팔꽃 그림자

2013년 11월 26일 초판 1쇄 찍음
2013년 11월 29일 초판 1쇄 펴냄

지은이 _ 이상훈
펴낸이 _ 양문규
펴낸곳 _ 詩와에세이

신고번호 _ 제319-2005-000014호
주소 _ (120-865) 서울시 서대문구 북아현동 1-495 2층
대표전화 _ (02)324-7653, 070-8877-7653
팩시밀리 _ 0505-116-7653
휴대전화 _ 010-5355-7565
전자우편 _ sie2005@naver.com
공 급 처 _ 한국출판협동조합
주문전화 _ (070)7119-1741~2
팩시밀리 _ (031)944-8234~6

ISBN 978-89-92470-90-2 03810

* 책값은 뒤표지에 표시되어 있습니다.